AF266882

A BAS LES CURÉS !

A BAS LES BOURGEOIS !

PAR

UN ANCIEN DÉMOCRATE

DEUXIÈME ÉDITION

PRIX : **15** CENTIMES

PARIS

ADOLPHE JOSSE, ÉDITEUR

31, RUE DE SÈVRES, 31

1880

A BAS LES CURÉS !

A BAS LES BOURGEOIS !

Par un ancien Démocrate

———

PARIS

ADOLPHE JOSSE, ÉDITEUR

31, RUE DE SÈVRES, 31

1880

A BAS LES CURÉS!

A BAS LES BOURGEOIS!

———

« La France, écrivait un jour Henri Rochefort, est un pays qui compte trente-six millions de sujets, — sans compter les sujets de mécontentement. »

Ce mot n'a jamais été plus vrai.

De tous côtés s'élèvent des protestations indignées. On disait naguère : Paris s'amuse ! On ne le dit plus. Paris souffre. Une morne tristesse y règne.

Ce ne sont que plaintes et doléances. Les journaux sont encombrés de récits lamentables, de statistiques effrayantes. La situation devient redoutable.

Ils étaient bien téméraires, les politiciens qui nous promettaient, avec l'établissement de la République une ère de prospérité !

De tous côtés l'on entend grand tapage. Le commerce ne va pas ; l'industrie chôme ; les affaires sont dans le marasme ; l'importation augmente ; l'exportation diminue ; les douanes accusent un déficit ; l'argent se jette dans les spéculations hasardeuses ; l'épargne est enfouie ; les denrées enchérissent ; les récoltes sont mauvaises ; les impôts sont lourds ; aucune famille qui ne soit obérée ; le luxe envahit toutes les classes.

La vie matérielle est pénible ; si élevés que soient les salaires, ils sont insuffisants, puisque les ouvriers se mettent en grève. Le pain sera bientôt un mets de bourgeois aisé, et la piquette se payera comme du lacryma-christi.

La vie morale n'est pas moins troublée. Ce

ne sont que crimes excessifs, accidents étranges, forfaitures inouïes ; on se bat pour une bagatelle, on se tue pour une misère, on peuple de fous les maisons d'aliénés, de malades les hôpitaux, de coupables les prisons. Hospices et prisons ne suffisent plus à leurs hôtes, et l'État entretient des vaisseaux pour transporter au loin ceux que la société civilisée repousse, mais qui ont toujours la chance de revenir, gratis, et sur les mêmes vaisseaux.

Depuis dix ans on nous affirme sur tous les tons que l'ère de la prospérité va s'ouvrir. C'est toujours l'enseigne du barbier : *Ici on fera crédit demain*. La promesse est éternelle, mais elle ne se réalise jamais. Il y a beaucoup de gens qui disent à leurs créanciers : « Je vous devrai toute ma vie, plutôt que de nier ma dette pendant une minute ! » La République a promis considérablement, et je me suis laissé dire qu'elle a beaucoup de créanciers ; mais elle ne tiendra pas ses promesses, et ne paiera pas ses dettes. Système commode, qui ne trompe personne, et qu'on admire. Il y a des mensonges privilégiés : on sait qu'ils sont mensonges, et, quand même, on y croit.

*
* *

En un mot la France, où tout se détraque, où tout s'effondre, où tout est renversé, a l'air d'être en goguette.

En goguette, les coiffeurs, gantiers, épiciers et marchands de tabac, bombardés trésoriers-payeurs généraux, préfets, inspecteurs, contrôleurs, fonctionnaires de « haulte graisse ».

En goguette, les maîtres d'école, bien logés, nourris et salariés, pour enseigner la grammaire aux deux paires d'écoliers vaguant à travers les salles vides.

En goguette, les soldats décapités de leurs chefs, bons officiers ayant nobles états de service, mais suspects de « conservatisme », aristocrates de naissance, et dédaigneux de coiffer le bonnet rouge de Marianne !

En goguette, les avocats faméliques, grimpés au fauteuil du juge, à l'estrade du ministère public, et devenus magistrats inamovibles, ce pourquoi ils défendent l'inamovibilité qu'ils attaquaient la veille.

En goguette, les candidats qui préparent leur future élection ou leur réélection par d'habiles discours, de prodigieuses promesses, par des courbettes et des cadeaux.

En goguette, la foule innombrable des déclassés, des dévoyés, des fruits secs, des ignorants, des incapables, nantis du certificat de civisme, foule appelée à la curée des places, parce qu'il y a toujours des places à donner, et que, s'il n'y en a plus, on en crée, afin de simplifier un peu plus cette bureau-cratie que « l'Europe nous envie ! »

En goguette, la petite presse où l'on a licence de tout faire et de tout dire, pourvu qu'on respecte le prestige des triomphateurs du jour...

Les crayons d'une armée de caricaturistes *chargent* le clergé, la magistrature et l'armée. Ce ne sont que prêtres et moines grotesques, travestis, souillés ; magistrats ridiculisés ; gendarmes de comédie ; ce ne sont que scènes ignobles, peinturlurées à la diable, mais d'intention cynique et méchante.

Et quelles brutalités de langage !

Un peuple vivant dans l'ordre n'y résisterait point. Jugez de l'effet produit par ces amas d'injures et d'ordures sur un peuple surexcité par dix années de guerre civile, car depuis

dix ans, si ce n'est pas la guerre civile à coups
de fusil et dans la rue, c'est la guerre civile
de l'esprit, la guerre à outrance des opinions
contre les opinions, des intelligences contre
les intelligences, et nous voici divisés, même
au sein de la famille.

*
* *

C'est le moment que choisit la Révolution
pour entreprendre l'œuvre, si souvent com-
mencée, et jamais achevée, d'une persécution
générale contre l'Église.

Nous venons d'assister au spectacle le plus
étonnant et le plus triste que l'histoire ait
jamais offert à la curiosité humaine.

On a corrompu même la notion du juste,
car ce n'est pas seulement par la force
qu'on a fait le mal, mais au nom de lois chi-

mériques, — rendant ainsi la loi complice du crime qu'elle doit punir.

Les trop fameux décrets du 29 mars ont été exécutés sur toute la surface de la France. On ne saura jamais assez avec quelle brutalité.

De pauvres moines, des religieux malades, des vieillards infirmes, ont été jetés à la porte de leurs demeures, encore qu'ils possédassent tous les droits, et accomplissent tous les devoirs du citoyen français.

Leurs maisons ont été envahies par la force armée, les serrures crochetées, les portes enfoncées, les sanctuaires profanés.

Dieu lui-même a été mis sous scellés dans son tabernacle !

Des scènes poignantes ont provoqué partout, un sentiment d'immense compassion.

Et les gendarmes eux-mêmes, les gens de police, épouvantés, émus, s'agenouillaient devant les victimes qu'ils venaient de chasser, implorant leur bénédiction.

Partout encore de fidèles amis du Bien et du Vrai venaient protester contre cette violation du domicile de citoyens paisibles, contre ces odieuses violences exercées sur des hommes à qui la France entière doit les plus nombreux et les plus admirables actes de charité.

On a vu *trois mille* hommes de troupes, assiéger pendant quatre jours un couvent où s'étaient enfermés *vingt* moines !

Et lorsque les journaux ont conté le siège de Frigolet par deux généraux et une petite armée, un éclat de rire atrocement moqueur a couru d'un bout de l'Europe à l'autre. Nos soldats pardonneront-ils à la Révolution de leur avoir fait jouer un rôle aussi ridicule ?

En revanche trois cents magistrats, conseillers, présidents, juges, procureurs de la République, substituts, ont donné leur démission. Ils ont préféré briser leur carrière, compromettre leur fortune, renoncer à des droits acquis, s'ensevelir dans la retraite, que de servir d'exécuteurs des basses œuvres de la Révolution.

De nombreux fonctionnaires ont imité cet exemple, et le pays se trouve, à cette heure, partagé en deux camps. Il y a d'un côté ceux qui ont le respect de la loi et de la justice, de l'autre côté ceux qui, chargés de défendre la loi, la violent, et qui demandent à la justice de rendre des services, et non plus des arrêts.

*
* *

Il ne reste donc pas un seul religieux sur le territoire français. Les rares couvents qu'on n'a point encore enlevés d'assaut seront emportés au premier moment.

Et quand on aura « expulsé » les hommes, ce sera le tour des femmes, car ni la faiblesse, ni l'âge, ni la vertu, ne trouveront grâce devant la Révolution. Elle dévore tout, et quand elle aura renversé, démoli, broyé notre société expirante, elle se détruira elle-même.

C'est bien la guerre à Dieu qu'elle poursuit.

Quel bénéfice, en effet, trouverait-elle dans ces étranges exécutions, dont le résultat le plus évident est d'augmenter la misère publique, de replonger dans le gouffre de la faim et du désespoir, les milliers de malheureux que la charité en sauvait chaque jour?

Donc, la guerre est déclarée ; ce n'est pas seulement aux Jésuites, aux Capucins, aux Dominicains, aux Trappistes, qu'on en veut.

Il ne suffit pas qu'on les empêche d'enseigner, de prêcher, de secourir les indigents, de consoler les infortunés, de soigner les malades, d'attirer les humbles et les petits, de recueillir les orphelins.

La Révolution triomphante veut bien davantage, et tandis que nos moines prennent le chemin de l'exil, elle poursuit, elle, sa route glorieuse, préparant de nouveaux pièges, et rêvant de nouvelles batailles.

Batailles où toute la force est de son côté, et tous les secours, et toutes les provisions de guerre !

*
* *

A bas les curés ! criera-t-on maintenant, comme on criait tout à l'heure : A bas les moines ! De quel droit des hommes existent-ils qui, sans renoncer à leurs droits et à leurs devoirs de citoyens, se vouent aux sacrifices qui coûtent le plus à la nature humaine, se privent des joies du foyer, se condamnent au jeûne, aux veilles, à l'étude des problèmes les plus ardus de la science ?

De quel droit prétendent-ils se vêtir d'une soutane, se coiffer d'un tricorne, porter un bréviaire sous le bras ?

Ils se disent les ministres de Dieu, les ministres d'une religion divine ; mais combien de notables seigneurs vous diront que Dieu n'est pas, que la religion n'est bonne que pour les femmes, et qu'enfin il est temps d'accoutumer les enfants à se passer de l'un et de l'autre !

On chasse Dieu de l'école, on le chasse du logis, on le chassera du prétoire. Et la société s'abandonnera au matérialisme bête qui ramène la créature à l'état sauvage, sous prétexte de la civiliser.

Que si l'on objecte les innombrables promesses de liberté faites par les apôtres de la Révolution, au temps où ils étaient encore des passants, et avant qu'ils fussent des parvenus, on vous répondra que l'unique liberté que ces dits apôtres veuillent accorder à autrui est celle d'être de leur avis.

Mais qu'ils ignorent les traditions, les usages, les droits, qui ne sont pas conformes à leur manière de voir. S'il leur plaît de rappeler de Nouméa les condamnés amnistiés, il leur déplaît de respecter les catholiques, et de payer un clergé duquel ils dédaignent de solliciter le ministère.

Vous pourriez alors objecter à votre tour, vous, l'artisan laborieux qui de votre vie n'avez mis le pied à l'Opéra ; vous, le père de famille qui n'allez pas au théâtre, qu'il ne vous paraît aucunement nécessaire d'offrir des millions de subvention à des comédiennes, à des chanteurs, à des ballerines, — sous prétexte de protéger les arts auxquels vous n'entendez rien, et des plaisir dont vous ne profitez pas.

Il vous sera répondu par mille excellentes raisons, — fort peu sérieuses d'ailleurs, mais qui tâcheront à vous prouver qu'il est plus utile pour un État de donner cent mille francs par an à une danseuse que neuf cents francs par an à un curé.

Vous saurez qu'il est plus nécessaire de dépenser un demi-million en peintures au balai sur de vieilles toiles qu'à construire une église, et qu'enfin, si vous n'êtes pas content, il vous reste la ressource de vous plaindre, quitte à attraper quelques mois de prison et quelques mille francs d'amende, en vertu de la liberté de penser, d'une part, et de la liberté de la presse, de l'autre.

En passant aujourd'hui devant la Chambre

des députés, je rencontrai un représentant du peuple, assurément très libéral, qui pensait et parlait de cette simple façon.

A propos des expulsions il ne manqua point de me redire la phrase célèbre : « C'est le lapin qui a commencé. »

Nous voici dûment avertis. Les tragédies ont d'ordinaire cinq actes : au premier, on a simplement violé le domicile de citoyens honnêtes et paisibles, qu'on a expulsés et dispersés ; au second, on agira semblablement envers les prêtres.

Au troisième...

Mais n'anticipons pas !

*
* *

Pourquoi donc épargnerait-on le clergé ? Les évêques, les prêtres, sont-ils moins « cléricaux » que les moines ?

Et l'indifférence avec laquelle un trop grand nombre de catholiques assistent à ces déplorables violences n'est-elle pas un gage de succès pour les persécuteurs ?

Le Mal a sa logique, comme le Bien.

Une fois qu'on est entré dans l'engrenage on n'en sort plus. Une violence appelle une autre violence ; une illégalité, une autre illégalité ; et d'ailleurs quand on fait la loi, on la fait pour ses besoins, si l'on a la force brutale pour sanction.

Il serait donc puéril de croire que la Révolution s'arrêtera dans sa marche.

Elle est fatalement entraînée vers le mesures extrêmes. D'ailleurs n'a-t-on pas crié, du haut de la tribune française :

« Le cléricalisme, c'est l'ennemi ! »

L'ennemi ! Ce mot seul est un appel aux armes.

L'ennemi ? Et qui a fait la France, si ce n'est le catholicisme, que vous déguisez hypocritement ?

Qui fut, qui est encore, la bienfaitrice de la civilisation, la protectrice des lettres, des arts, de la science, si ce n'est l'Église, que vous osez présenter comme un parti et flétrir d'une appellation de parti ?

L'ennemi ! Et vous ordonnez qu'on lui coure sus ! Vous persécutez, vous fracturez, vous emprisonnez !... Et peut-être supposez-vous qu'une fois les pires passions excitées, vous serez les maîtres de retenir et de contenir la tourbe des grandes villes, cette populace que vous aurez poussée au pillage et au massacre...

On a vu d'autres exemples, terribles, de ce dont les multitudes sont capables, quand elles ne sont plus conduites que par l'instinct et l'intérêt.

Un penseur a jugé, d'un mot énergique, la puissance de la foule et son irresponsabilité : « Les crimes collectifs n'engagent personne ! » Il songeait à la Convention.

*
* *

A bas les curés ! C'est le cri que poussent tous les journaux intransigeants depuis le jour où, laissés libres de tout dire et de tout conseiller, ils ont transformé la discussion des principes en attaques virulentes contre les personnes.

De ce jour date le débordement de mensonges, de calomnies, de blasphèmes, qui coule impunément à travers la presse ; de ce jour, se sont étalées sur toutes nos murailles d'impudentes caricatures, fabriquées dans les mauvais lieux, et qu'un visa officiel protège contre le juste châtiment qu'elles méritent.

L'injure et l'outrage ne sont épargnés à rien de ce qui est respectable : ni la majesté de l'âge, ni la grandeur du caractère, ni la dignité des fonctions, ni même la protection des lois, n'en défendent le clergé national, à tous les degrés de la hiérarchie.

Pour tout dire, enfin, depuis que la Révolution a pris décidément le parti de battre en brèche la foi religieuse, dernier rempart de l'ordre social, la haine révolutionnaire s'est manifestée par tous les moyens : par le club et par le théâtre, par le livre et par le journal, par la plume et par le crayon. Son langage et ses actes se résument partout dans ce cri : *A bas les curés !*

*
* *

Mais après les curés viendra le tour des riches, des bourgeois, de tous ceux qui possèdent et que détestent naturellement ceux qui ne possèdent pas.

Les naïfs qui assistent, impassibles, à la lutte engagée entre le bien et le mal ; les honnêtes citoyens que leur prudence et leurs intérêts éloignent du combat, qui s'abstiennent par système de voter, et qui cherchent à expliquer par toutes sortes de bonnes raisons les pitoyables agissements d'une faction en délire, s'imaginent sans doute qu'on les épargnera, pour les récompenser de leur couardise.

Qu'ils se détrompent : on commence par le jésuite, on continue par le prêtre, par le noble, par le riche, on finit par le boutiquier, l'artisan, — le premier venu qui passe et dont la figure déplaît.

En 93 on a coupé le cou à plus d'ouvriers et de laboureurs qu'à des gentilshommes, et la guillotine fonctionnait aussi bien pour les roturiers que pour les aristocrates.

Les 25,000 enfants que l'on fusillait en Vendée, les 32,000 malheureux que l'on massacrait à Lyon, les 30,000 noyés de Nantes étaient du peuple, et du vrai.

C'est ici que l'on ne manque pas de s'écrier : « Nous ne sommes plus au temps où l'on guillotinait... On ne veut noyer personne, et qui pense à massacrer ? »

J'ai entendu cent fois cette phrase, et cent fois j'ai répondu que l'homme ne change pas autant qu'on le veut bien croire, et que l'histoire ne cesse de se répéter.

Sans doute, on ne prémédite pas toujours les

excès révolutionnaires ; ils sont amenés par la force des choses et la logique des événements ; mais ils sont la conséquence d'un plan dès longtemps arrêté, et les effets invariables de causes connues.

Prétendre que le sang ne coulera jamais plus, que l'anarchie et la Terreur sont désormais impossibles, c'est mentir de parti-pris, ou avouer sans vergogne qu'on est un niais. Il ne se fait pas de rédemption sans effusion de sang.

*\
* *

Les riches sont donc menacés les premiers, dès qu'on en aura fini avec les prêtres. Quelqu'un niait qu'il y eût une question sociale : elle est cependant ; elle est depuis le commencement et durera jusqu'à la fin du monde. L'esclave hait l'homme libre ; le pauvre, s'il n'est pauvre aussi chrétiennement, hait le riche.

Quand vous aurez enlevé Dieu au déshérité, à l'opprimé, vous aurez de vos propres mains détruit votre sauvegarde.

Si vous lui ôtez l'espoir d'une existence meilleure qui le payera de toutes les misères de sa vie mortelle, il se révoltera contre l'injustice du sort, et ne craignant rien de ce qui peut être au delà de la mort, il voudra jouir comme vous sur la terre.

Quel argument opposerez-vous à ses convoitises ? Et de quel droit seriez-vous heureux quand il ne l'est pas, alors qu'il n'a point la compensation qui lui est promise dans le royaume des cieux ?

La question sociale est tout entière dans ces deux termes : la richesse, considérée comme un dépôt dont l'abus est un crime ; la pauvreté soumise, acceptée comme une expiation, supportée avec résignation, avec la foi dans une récompense surnaturelle.

Si vous faites du riche un despote, et du pauvre, un rebelle, vous poussez l'une contre l'autre deux armées qui lutteront sans cesse : l'une est la force, l'autre est le nombre.

Et si le prêtre, médiateur naturel, entre le fort et le faible, défenseur de l'opprimé, tuteur de l'orphelin, est banni de la société que vous prétendez reconstituer, vous n'aurez plus en présence que le parti des riches qui veut tout garder, et le parti des pauvres qui veut tout prendre.

*
* *

Quels sont donc les bienfaits de cette Révolution soi-disant immortelle qu'on nous donne pour la dernière expression des progrès de l'esprit humain, pour la rénovatrice des sociétés ? Elle n'apporte ni la Liberté, ni l'Egalité, ni la Fraternité.

La Liberté ? Elle frappe d'ostracisme toute une classe de citoyens vivant en paix avec les lois de leur pays.

L'Egalité ? Elle attaque la propriété, divise la richesse, soustrait les citoyens à leurs juges naturels, détruit l'équilibre, accapare les places, forme une aristocratie de fonctionnaires que nourrit un peuple de travailleurs.

La Fraternité ? Elle abolit la charité, ferme les écoles, supprime les associations, détruit la famille.

La liberté de faire le bien, on l'a toujours eue, on l'aura toujours.

L'égalité, où existe-t-elle en dehors de l'Eglise ?

La fraternité ? Jésus la prêche par lui-même et par son Eglise depuis dix-neuf siècles, sous le nom de Charité.

*
* *

Mais c'est aux conservateurs de prendre garde ! Ils permettent qu'on touche à l'arche sainte.

Ils désertent leur cause et cachent leur drapeau.

Coupables d'indifférence, à la vue de tant de désordres, qui menacent leur sécurité, ils s'abstiennent, fuyant le combat qui s'apprête.

C'est à eux que ces pages sont dédiées.

A eux qui doivent à cette heure l'exemple du courage. Ce n'est pas de l'héroïsme qu'on leur demande. La cause pour laquelle nous élevons la voix est leur cause. Le mal qui est fait est fait à eux.

On crie *A bas les curés !* on criera *A bas les riches !* Et le moment viendra où les vainqueurs, gorgés et repus, crieront aussi *A bas les pauvres !*

Sachons donc nous unir, nous serrer autour de l'étendard qui ne périra point. Soyons calmes, soyons forts, soyons sages !

Bannissons le respect humain qui avilit, et pour ne point pécher par présomption, agissons chacun dans notre sphère, sans orgueil et sans fausse honte. Un grand politique l'a dit :

Toute la sagesse humaine est dans ces quatre mots : SAVOIR ATTENDRE, SAVOIR AGIR !

UN VIEUX DÉMOCRATE.

F. Aureau. — Imprimerie de Lagny.

www.ingramcontent.com/pod-product-compliance
Lightning Source LLC
Chambersburg PA
CBHW051751050726
47598CB00003B/1432